Une idée pour rire par jour

Une idée pour rire par jour

Textes écrits et rassemblés
par
Jean Veidly

chêne

1

La tauromachie, c'est les abattoirs de la Villette avec les costumes du Châtelet.

Oscar Wilde
(écrivain irlandais, 1854-1900)

2

Les voyages forment la jeunesse et déforment les valises.

Jean Veidly

3

Si la fortune vient en dormant, les emmerdements viennent au réveil.

Pierre Dac (humoriste français, 1893-1975)

4

L'hermine, c'est tout blanc
avec le bout de la queue noire,
alors que le ramoneur,
c'est tout noir avec une échelle
sur le dos.

Jean Veidly

5

Mieux vaut avoir
la maladie
de Parkinson
que celle d'Alzheimer,
car il est préférable
de renverser un peu
de son pastis que
d'oublier de
le boire.

Jean Veidly

6

Les jeunes sont
vraiment cons,
et ça ne s'arrange pas
avec l'âge.

Philippe Geluck
(artiste belge, né en 1954)

7

Il ne faut compter que sur soi-même, et encore, pas beaucoup.

Tristan Bernard (écrivain et humoriste, 1866-1947)

8

Ne pile pas ton mil avec une banane mûre.

Proverbe africain

9

C’est l’étincelle qui fait déborder le vase et la goutte d’eau qui met le feu aux poudres.

Jean Veidly

10

L'argent n'a pas d'odeur, mais à partir d'un million, il commence à se faire sentir.

Tristan Bernard (écrivain et humoriste, 1866-1947)

11

L'ignorance en matière de musique classique, c'est d'affirmer que les « quatre saisons » était le nom d'une pizza, spécialité d'un pizzaïolo nommé Vivaldi, et pourquoi pas « La vache qui rit » de Wagner...

Jean Veidly

12

Maintenant que
je suis vieux, lorsque
je parcours un cimetière,
j'ai l'impression de visiter
des appartements.

Édouard Herriot
(homme politique, 1872-1957)

13

Tout n'est pas cirrhose dans la vie, comme dit l'alcoolique.

Frédéric Dard (romancier français, 1921-2000)

14

Les psychiatres, c'est très efficace.
Moi avant je pissais au lit, j'avais honte.
Je suis allé voir un psy et je suis guéri.
Maintenant je pisse au lit,
mais j'en suis fier.

Coluche (humoriste, 1944-1986)

15

Si tous les cons volaient, il ferait nuit.

Frédéric Dard (romancier français, 1921-2000)

16

Le divorce est devenu quelque chose de si banal que l'on reste marié juste pour se faire remarquer.

Jean Veidly

17

Si tous les cons avaient du boulot, il n'y aurait plus de chômage.

Jean Veidly

18

Plus qu'un caillou dans une chaussure, un grain de sable dans un préservatif.

Jean Veidly

19

Si votre médecin
vous interdit
de boire entre
les repas,
supprimez
les repas !

Jean Veidly

20

À vaincre sans barils, on triomphe sans boire.

Jean Veidly

21

J'aime les chats, parce
qu'il n'existe pas
de chats policiers.

Jean Veidly

22

Il ne faut jamais juger les gens sur leurs fréquentations : Judas par exemple avait des amis irréprochables.

Paul Verlaine

(poète français, 1844-1896)

23

Je n'oublie jamais un visage, mais, dans votre cas, je serai heureux de faire une exception.

Groucho Marx (humoriste américain, 1890-1977)

24

Les économies, c'est très bien, surtout si vos parents les ont faites pour vous.

Winston Churchill

(homme politique anglais, 1874-1965)

25

L'argent c'est mieux que la pauvreté, ne serait-ce que pour des raisons financières.

Woody Allen

(acteur et réalisateur américain, né en 1935)

26

Quelle est la différence entre un curé et un arbre de noël ? Aucune. Dans les deux cas, les boules, c'est pour décorer.

Les Nuls (humoristes français)

27

L'argent ne fait pas le baigneur.

Jean Veidly à propos de Laure Manaudou (nageuse française)

28

Mieux vaut être
incompris que
pris pour un con.

Jean Veidly

29

Si les femmes savaient à quel point
on les regrette quand elles s'en vont,
elles partiraient plus vite.

Jean Veidly

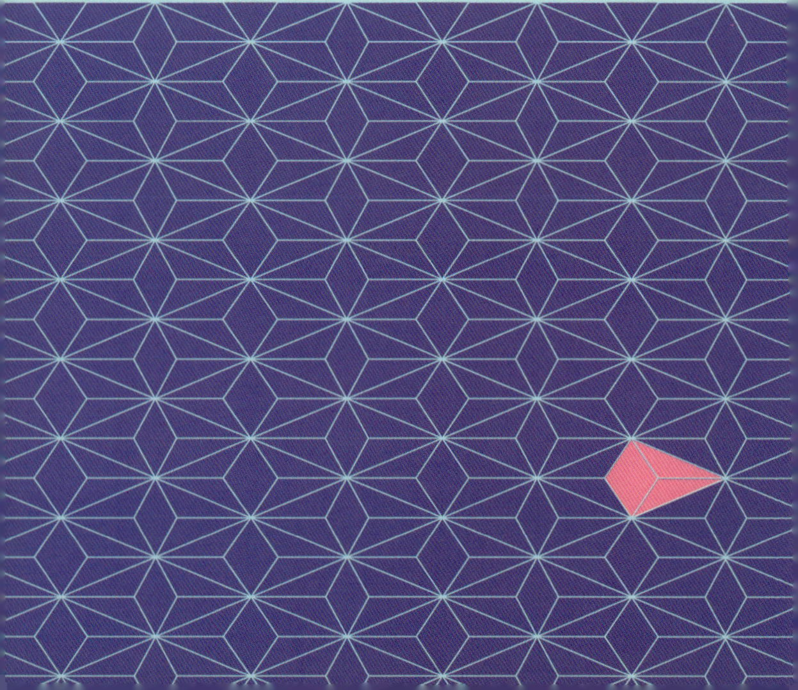

30

Qu'importe le flacon,
pourvu qu'on ait l'ivresse.

Alfred de Musset
(écrivain français, 1810-1857)

Qu'importe le flocon,
pourvu qu'on ait l'Everest.

Jean Veidly

31

L'humour c'est comme un parachute, si tu n'en as pas, tu t'écrases…

Jean Veidly

32

Lâcher la lamproie pour Londres.

Pêcheur britannique

33

Traiter son prochain de con n'est pas une insulte, mais un diagnostic…

Michel Audiard (dialoguiste et réalisateur français, 1920-1985)

34

Il faut battre son frère quand il est chaud.

Honoré de Balzac (écrivain français, 1799-1850)

35

Quel besoin de se venger d'une femme ? La nature s'en charge, il n'y a qu'à attendre.

Jean Veidly

36

Si les grenouilles avaient des ailes,
ça leur éviterait de faire
des bonds ridicules…

Jean Veidly

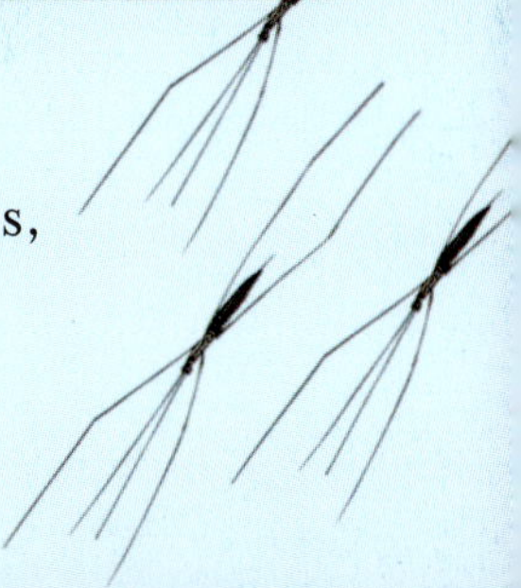

37

L'avantage d'être incinéré,
c'est que l'on ne risque pas
de se retourner dans sa tombe.

Jean Veidly

38

Si vous voulez connaître l'âge exact d'une femme, demandez à sa belle-sœur.

Edgar W. Howe (écrivain américain, 1853-1937)

39

Comment un spermatozoïde, sans véritable situation, peut-il instantanément décider de faire un enfant à un ovule dont il vient à peine de faire la connaissance dans les toilettes d'une discothèque ?

Jean Veidly

40

L'homme n'est pas fait pour travailler, la preuve, c'est que ça le fatigue.

Georges Courteline (écrivain français, 1858-1929)

41

Tout flotteur vit aux dépens de celui qui l'égoutte.

Jean Veidly

42

Un synonyme, c'est un mot que l'on écrit pour remplacer celui dont on ne connaît pas l'orthographe.

Jean Veidly

43

Le pire des cons, c'est le vieux con ; on ne peut rien contre l'expérience.

Jacob Braude

(écrivain américain)

44

En ce qui me
concerne, Dieu,
il y a longtemps
que j'ai fait
une croix dessus.

Jean Veidly

45

Ça m'a mis l'astuce à l'oreille.

Jean Veidly

46

Qui va à la chasse, Père-Lachaise…

Jean Veidly

47

Quand j'ai dit à mon psy que j'avais des tendances suicidaires, il a exigé que je lui paie des séances d'avance…

Jean Veidly

48

La célébrité m'a apporté un gros avantage : les femmes qui me disent non sont plus belles qu'avant.

Woody Allen (acteur et réalisateur américain, né en1935)

49

Le rire est à l'homme ce que la bière est à la pression.

Alphonse Allais

(écrivain et humoriste français, 1854-1905)

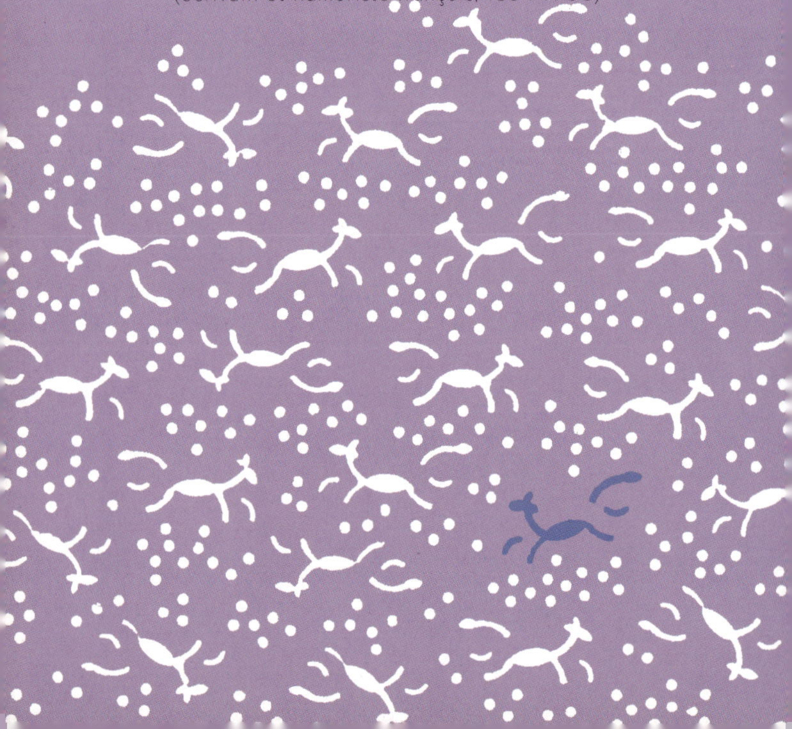

50

Le fait que le monde
soit peuplé de crétins
permet à chacun de nous
de ne pas se faire remarquer.

Jean Veidly

51

Dans mélancolique, il y a « colique », ce n'est pas par hasard…

Jean Veidly

52

L'amour,
c'est comme
les plantes,
ça se développe
dans le noir.

Jean Veidly

53

Personne ne connaît un poète
vivant avant qu'il ne soit mort.

Jean Veidly

54

Une auto-stoppeuse est une jeune femme généralement jolie et court-vêtue qui se trouve sur votre route quand vous êtes avec votre femme.

Woody Allen
(acteur et réalisateur américain, né en 1935)

55

Il vaut mieux être saoul que con, ça dure moins longtemps.

Jean Veidly

56

Un intellectuel assis va moins loin qu'un con qui marche.

Pierre Dac (humoriste français, 1893-1975)

57

Certaines femmes ont le don de nous casser les couilles sans pour autant nous les toucher.

Jean Veidly

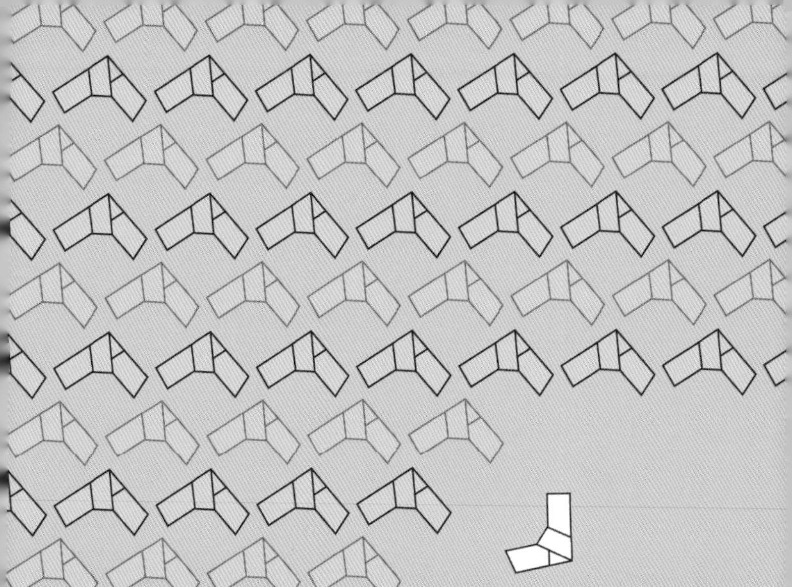

58

Si les hommes prenaient autant de soin à choisir leur femme que leur bagnole, il y aurait certainement moins de divorces.

Jean Veidly

59

L'avarice est le seul vice qui ne coûte rien…

Jean Veidly

60

En amour, on se souvient surtout des ruptures…

Jean Veidly

61

Il vaut mieux être belle et rebelle, que moche et remoche.

Jean Veidly

62

Quand j'ai été kidnappé, mes parents ont immédiatement réagi : ils ont loué ma chambre.

Woody Allen (acteur et réalisateur américain, né en 1935)

63

L'humour, c'est de savoir que tout, absolument tout, est drôle, dès l'instant que c'est aux autres que cela arrive.

Marcel Achard (dramaturge et écrivain français, 1899-1974)

64

Le jour où la connerie sera cotée en bourse, on sera nombreux à acheter des actions…

Jean Veidly

65

Ne pas avoir inventé le fil à couper l'eau chaude.

Jean Veidly

“

**La pire odeur,
c’est de se sentir mauvais.**

Jules Renard (écrivain français, 1864-1910)

67

Si haut que l'on soit placé, on n'est jamais assis que sur son cul.

Montaigne (écrivain français, 1533-1592)

68

L'humour est la forme la plus saine de la lucidité.

Jacques Brel (chanteur belge, 1929-1978)

69

Les coupures de presse sont celles qui parfois sont les plus longues à cicatriser.

Jean Veidly

70

La poésie,
c'est comme l'alcool,
un verre ça va…

Jean Veidly

71

Je ne parle pas aux cons, ça les instruit.

Michel Audiard
(dialoguiste et réalisateur
français, 1920-1985)

72

Au Paradis, on est assis
à la droite de Dieu,
c'est normal, c'est la place
du mort.

Jean Veidly

73

Pour un alcoolo, la température idéale c'est 12,5°.

Jean Veidly

74

Je suis pour l'égalité des sexes, à condition que vous ne preniez pas Rocco Siffredi comme référence…

Jean Veidly

75

La douleur physique est tout à fait supportable dès l'instant où elle ne fait pas trop mal.

Jean Veidly

76

Pourquoi le temps paraît-il si long quand on s'emmerde ?

Jean Veidly

77

À la saint Valentin,
elle lui caresse la main…
vivement la sainte Marguerite…

Jean Veidly

78

Les cons gagnent toujours,
ils sont trop nombreux…

Jean Veidly

79

Il ne faut pas mélanger les torchons et les soviets.

Proverbe qui aurait pu être russe…

Jean Veidly

80

Pour autant que je m'en souvienne, je n'ai jamais souffert d'amnésie.

Jean Veidly

81

Davantage d'avantages avantagent davantage.

Boby Lapointe (chanteur français, 1922-1972)

82

Que l'on meurt gros ou maigre, la différence n'est que pour les porteurs.

Peter Ustinov (acteur anglais, 1921-2004)

83

Si le gouvernement créait un impôt sur la connerie, il serait immédiatement autosuffisant.

Jean Yanne (acteur français, 1933-2003)

84

Les bons crus font les bonnes cuites.

Pierre Dac

(humoriste français, 1893-1975)

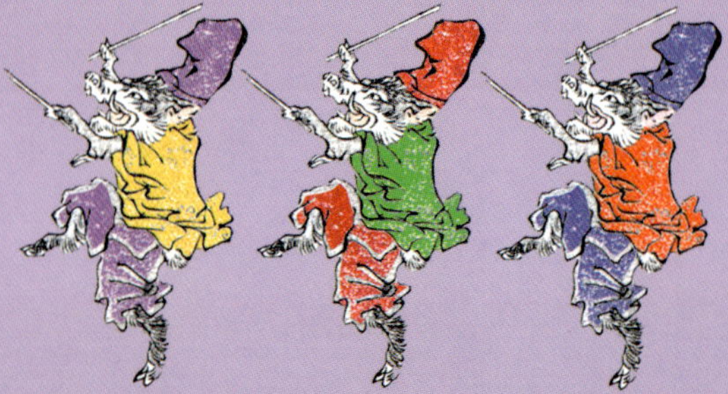

85

Vous voulez prouver que tout le monde est con, c'est simple, criez : « Pauvre con ! » dans la rue, et tout le monde se retournera.

Jean Veidly

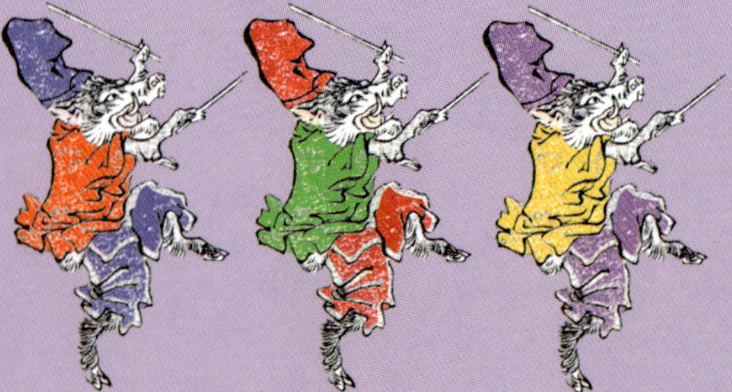

86

L'amour c'est comme
le rugby, tu te fais plaquer
et tu ne sais pas pourquoi.

Jean Veidly

87

Pour se marier,
il faut un témoin,
comme pour un accident…
j'aurais du me méfier.

Jean Veidly

88

La santé n'a pas de prix, sauf pour le médecin.

Jean Veidly

89

Les curés se consolent
de n'être pas mariés
quand ils entendent
les femmes se confesser.

Henri Monnier
(écrivain français, 1805-1884)

90

Il vaut mieux habiter une maison en L qu'un château hanté...

Jean Veidly

91

**Il ne faut jamais gifler un sourd,
il perd la moitié du plaisir ;
il sent la gifle mais ne l'entend pas.**

Georges Courteline (écrivain français, 1858-1929)

92

Un conducteur dangereux, c'est celui qui vous dépasse malgré tous vos efforts pour l'en empêcher.

Woody Allen
(acteur et réalisateur américain, né en 1935)

93

Les femmes qui veulent être les égales des hommes manquent sérieusement d'ambition

Jean-Marc Reiser

(scénariste et dessinateur, 1941-1983

94

Un homme c'est un peu comme
une pomme : on trouve difficilement
son cœur, c'est plein de pépins et
ça a souvent une toute petite queue.

Jean Veidly

95

Demander à un écrivain
ce qu'il pense des critiques,
c'est demander à un réverbère
ce qu'il pense des chiens.

Jean Veidly

96

Ce n'est pas moi qui vais gueuler contre les publicités dans ma boîte aux lettres, ce sont les seuls qui m'écrivent.

Jean-Marie Gourio (humoriste français, né en 1956)

97

Après l'amour,
10% des hommes
se tournent sur le côté
gauche, 10% sur le côté
droit, les autres se rhabillent
et rentrent chez eux.

Jean Veidly

98

L'abbé ne fait pas le moine.

Jean Veidly

99

La société est bien foutue, ils mettent des uniformes aux connards pour qu'on puisse les reconnaître.

Albert Dupontel (acteur français, né en 1964)

100

Pas la peine d'être un artilleur
pour se rendre compte que
les filles « canons »
deviennent rapidement des boulets.

Jean Veidly

101

Nymphomane :
terme utilisé par
l'homme pour décrire
la femme qui a plus
d'appétit sexuel que lui.

Jean Veidly

102

Nous avons trois enfants.
Ma femme refuse
catégoriquement
d'en avoir un quatrième
depuis qu'elle a lu dans
la presse qu'un enfant
sur quatre est chinois....

Jean Veidly

103

Sept français sur dix sont malheureux en ménage, les trois autres sont célibataires.

François Cavanna (écrivain et dessinateur français, né en 1923)

104

Quand une génération de cons disparaît, il reste toujours sa descendance.

Jean Veidly

105

Les hommes c'est comme
les grenouilles, ça ne pense qu'à sauter…

Jean Veidly

106

La connerie, c'est la décontraction de l'intelligence.

Serge Gainsbourg
(chanteur français, 1928-1991)

107

**Là où il y a du poil,
il y a de la joie.**

Proverbe français

108

Les gens riches ont des héritiers, pas des enfants.

Proverbe juif

109

Certains hommes n'ont que ce qu'ils méritent, les autres sont célibataires.

(Sacha Guitry, comédien et dramaturge français, 1885-1957)

110

Le mot infarctus est le seul mot irrégulier de la langue française : « on dit un infarctus, des obsèques ».

Francis Blanche

(acteur et humoriste français, 1921-1974)

111

Si l'on veut faire tout
ce que l'on doit,
il nous reste plus
de temps pour faire
ce que l'on aime.

Grégoire Lacroix
(écrivain français, né 1933)

112

Les enfants, c'est comme les pets, on supporte surtout les siens.

Jean Veidly

113

La principale différence entre l'homme et la femme, c'est la femme.

Grégoire Lacroix
(écrivain français, né en 1933)

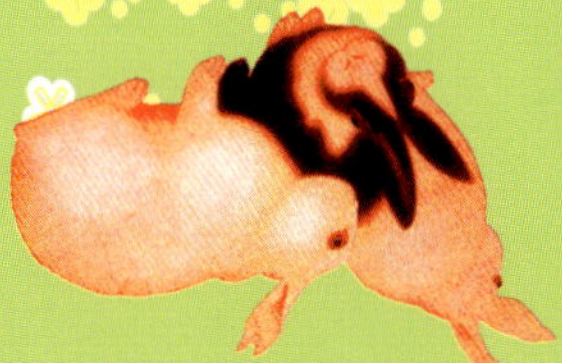

114

Pour assurer le quotidien, un milliardaire vit de ses rentes, alors qu'un SDF vide ses poches.

Marc Escayrol (écrivain français, né en 1957)

115

En Sibérie l'hiver dure douze mois, le reste c'est l'été…

Jean Veidly

116

Les buffets des gares sont des endroits où l'on sert à des voyageurs qui passent des aliments qui, eux, ne passent pas.

Pierre Véron (écrivain français, 1831-1900)

117

**Un vrai feignant,
c'est un chômeur qui fait grève.**

Les Inconnus (humoristes français)

118

La Bible ne fait pas le moine.

Alexandre Breffort

(écrivain français, 1901-1971)

119

Qui boit sans soif
vomira sans effort.

Jean Veidly

120

Le rire c'est comme
les essuie-glaces,
il permet d'avancer
même s'il n'arrête
pas la pluie…

Jean Veidly

121

La connerie humaine est la seule chose qui donne une idée de l'infini.

Jean Veidly

122

Pourquoi met-on une selle sur un cheval ? Parce qu'il ne peut pas se la mettre tout seul.

Jean Veidly

123

L'école c'est comme les poils, à partir de 15 ans, t'en as plein le cul...

Jean Veidly

124

L'adolescence est
la période plus
ou moins courte
qui sépare l'enfance
de l'adultère.

Jean Veidly

125

Comme tous
les capricornes,
je ne crois pas
en l'horoscope.

Jean Veidly

126

Tolstoï et moi, nous sommes sur un pied d'égalité, il n'a rien lu de moi et réciproquement…

Jean Veidly

127

La meilleure façon de résoudre le chômage, c'est de travailler.

Raymond Barre (homme politique français, 1924-2007)

128

Si Mozart avait fait de
la Formule 1, à 5 ans,
il aurait gagné son premier
grand prix.

Jean Veidly

129

J'adore les langues étrangères, surtout celles des filles…

Coluche (humoriste français, 1944-1986)

130

Si vous voulez vivre longtemps, vivez vieux.

Erik Satie (compositeur français, 1866-1925)

131

Si vous avez besoin
de quelque chose,
appelez-moi, je vous dirai
comment vous en passer.

Coluche (humoriste français, 1944-1986)

132

En société, le tact c'est de faire sentir à vos invités qu'ils sont chez eux alors que vous souhaiteriez qu'ils y soient vraiment.

Jean Veidly

133

Le travail c'est comme une maladie, la preuve c'est qu'il y a même une médecine du travail...

Jean Veidly

134

**Quand une femme se tait,
c'est qu'elle va dire quelque chose.**

Jean Veidly

135

Je suis très superstitieux,
je ne passe jamais sous
un chat noir.

Jean Veidly

136

Noël au scanner,
Pâques au cimetière.

Pierre Desproges

(humoriste français, 1939-1988)

137

Quand Bell inventa le téléphone en 1873, il a du être déçu de constater qu'il n'avait personne à appeler.

Jean Veidly

138

Il n'y a pas de femmes dans la mafia… à cause de l'omerta, de la loi du silence.

Jean Veidly

139

Pour qu'un écologiste soit élu président, il faudrait que les arbres votent.

Coluche (humoriste français, 1944-1986)

140

Être bisexuel double les chances d'avoir un rendez-vous le samedi soir.

Woody Allen

(acteur et réalisateur américain, né en 1935)

141

La chenille devient papillon, le cochon devient saucisson, c’est une grande loi de la nature.

Francis Cavanna (écrivain et dessinateur français, né en 1923)

142

La beauté à quatre pattes, ce peut-être un cerf ; la beauté à deux pattes, une cigogne ; la beauté ne dépend pas du nombre de pattes.

Proverbe chinois

143

Les femmes vivent plus longtemps que les hommes, surtout quand elles sont veuves.

Georges Clemenceau

(homme politique français, 1841-1929).

144

L'amour platonique est à l'amour charnel ce que l'armée de réserve est à l'armée active.

Pierre Dac (humoriste français, 1893-1975)

145

Je n'aime pas la campagne, sauf dans le TGV, elle va plus vite.

Jean-Michel Ribes

(réalisateur et écrivain français, 1946)

146

Les jeunes voudraient être fidèles et ne le sont pas. Les vieux voudraient être infidèles et ne le peuvent plus.

Oscar Wilde

(écrivain irlandais, 1854-1900)

147

**Au royaume des sourds,
les aveugles sont muets.**

Jacques Sternberg
(écrivain belge, 1923-2006)

148

Je suis parti en vacances pour tout oublier. Et quand j'ai ouvert ma valise, j'ai constaté que c'était chose faite.

Jean Veidly

149

Si vous ne connaissez pas le prénom d'Alzheimer, alors c'est le début de la maladie.

Jean Veidly

150

Il faut cueillir les cerises avec la queue, j'avais déjà du mal avec les mains !

Coluche

(humoriste français, 1944-1986)

151

La bonne volonté
ne remplace jamais le talent.

Jean Veidly

152

La différence entre un mari
et un amant, c'est le jour et la nuit.

Jean Veidly

153

Si tu pars à Lourdes avec ta femme et que tu reviens avec, c'est la preuve qu'il n'y a pas eu de miracle.

Jean Veidly

154

Quand les types de 130 kg disent certaines choses, les types de 60 kg les écoutent.

Michel Audiard (dialoguiste et réalisateur français, 1920-1985)

155

On lui donnerait le bon dieu sans « profession ».

Proverbe français détourné par Jean Veidly

156

Je participe à la propreté de
ma ville, j'ai mangé un pigeon.

Jean Veidly

157

Je change d'avis comme de chemise, simple question de propreté…

Jean Veidly

158

Plus on avance dans l'âge, moins les enterrements sont impressionnants.

Jean-Michel Ribes

(réalisateur et écrivain français, né en 1946)

159

Le comble pour un journaliste,
c'est d'être à l'article de sa mort.

Jules Renard (écrivain français, 1864-1910)

160

Il y a toujours plusieurs
façons d'être con,
mais le vrai con
choisit toujours
la pire.

Jean Veidly

161

Dieu a dit : Je partage en deux, les riches auront la nourriture, les pauvres, l'appétit.

Coluche (humoriste français, 1944-1986)

162

Les hommes mentiraient moins si les femmes posaient moins de questions.

Jean Veidly

163

L'autopsie permet aux autres de découvrir ce qu'on n'a jamais pu voir soi-même.

Maurice Ferrand

(acteur et humoriste français)

164

Chassez
le naturiste,
il revient
au bungalow.

Jean Veidly

165

Les orteils, ça sert à trouver les pieds de chaise et les montants de porte quand il fait noir…

Pierre Légaré

(humoriste québécois, né en 194

166

Un homme qui parle
trois langues est trilingue ;
un homme qui parle
deux langues est bilingue ;
un homme qui ne parle
qu'une langue est Anglais.

Claude Gagnière
(écrivain français, 1928-2003)

167

Si tu as envie de travailler,
assieds-toi et attends que ça passe.

Proverbe corse

168

Si tous ceux qui n'ont rien n'en demandaient pas plus, il serait bien facile de contenter tout le monde.

Coluche (humoriste français, 1944-1986)

169

Dans un magasin ouvert 24h/24h, pas besoin de serrures !

Jean Veidly

170

Il n’était pas à prendre avec du « pain sec ».

Proverbe français détourné par Jean Veidly

171

Pour certains je suis athée. Pour Dieu, je suis dans l'opposition.

Woody Allen
(acteur et réalisateur américain, né en 1935)

172

On est toujours aussi jeune,
si le matin après la nuit
qui précède rend la nuit
précédente toujours aussi
réussie que le matin qui suit.

Jean Veidly

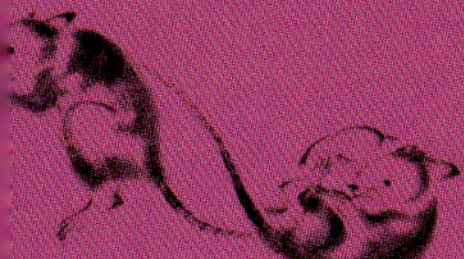

173

La forme même des pyramides d'Égypte nous confirme que dès la plus haute Antiquité, les ouvriers avaient tendance à en faire de moins en moins.

Jean Veidly

174

Je crois que nos importations viennent de plus en plus de l'étranger.

Georges W. Bush

(homme d'état américain, né en 1946)

175

On ne meurt jamais autant qu'avant les élections, pendant la guerre et après la chasse.

Jean Veidly

176

La différence entre le sexe et la mort, c'est que vous pouvez mourir tout seul sans que quelqu'un se moque de vous.

Woody Allen

(acteur et réalisateur américain, né en 1935)

177

Le sexe c'est comme la belote, si on n'a pas un bon partenaire, il vaut mieux avoir une bonne main.

Jean Veidly

178

Mieux vaut une escalope avec une salade, qu'une escapade avec une salope.

Jean Veidly

179

Une célébrité,
c'est quelqu'un qui fait
tout pendant des années
pour être reconnu,
et qui finit en portant
des lunettes noires.

Jean Veidly

180

L'argent aide à oublier que l'on n'est pas riche.

Jean Veidly

181

Un ours blanc suivait un ours noir.
Moralité : les ours se suivent et
ne se ressemblent pas.

Alphonse Allais (écrivain et humoriste français,1854-1905)

182

Jeux de nains, jeux de vilains.

Mimi Mathy vs Jean Veidly (humoriste intermittent)

183

L'amour c'est comme
une maladie,
ça finit toujours au lit.

Jean Veidly

184

La vraie paresse, c'est de se lever à 6 heures du matin pour avoir plus longtemps à ne rien faire.

Tristan Bernard

(écrivain et humoriste, 1866-1947)

185

Le fonctionnaire peut se targuer d'être un super mari : quand il rentre le soir, il n'est pas fatigué, et il a déjà lu le journal…

Jean Veïdly

186

Les femmes, c'est comme les chaussures : quand on les quitte, il faut y mettre les formes.

Pierre Dac (humoriste français, 1893-1975)

187

Le meilleur remède contre la mauvaise haleine, c'est encore le téléphone portable.

Jean Veidly

188

La seule fois où
une femme réussit
à changer un homme
c'est quand il est bébé.

Nathalie Wood

(actrice américaine, 1938-1981)

189

Je tiens beaucoup à ma montre, c'est mon grand-père qui me l'a vendu sur son lit de mort.

Woody Allen (acteur et réalisateur américain, né en 1935)

190

Un bistro sans alcoolos
est comme un hôpital
sans malades.

Robert Ebguy

191

Conduire dans Paris, c'est une question de vocabulaire.

Michel Audiard
(dialoguiste et réalisateur français, 1920-1985)

192

Avez-vous remarqué que plus les photos sont vieilles, plus vous avez l'air jeune ?

Jean Veidly

193

Le café fait dormir lorsque l'on n'en boit pas.

Alphonse Allais (écrivain et humoriste français, 1854-1905)

194

Cette année nous avons
eu un très bel hiver,
il y a longtemps que
cela n'était pas arrivé,
sauf peut-être l'été
dernier...

Jean Veidly

195

Un ami, c'est quelqu'un qui vous connaît bien et qui vous aime quand même.

Hervé Lauwick

(romancier français, 1891)

196

Ne soyons pas plus Tibétains que les Tibétains

Bernard Kouchner
(ministre des affaires étrangères, né en 1939)

197

Quand on voit les dégâts
que font les pigeons
sur nos voitures,
on peut remercier
Dieu de ne pas
avoir mis d'ailes
aux vaches.

Jean Veidly

198

Un homme riche, c'est un homme qui gagne plus que sa femme ne dépense.

Jean Veidly

199

La différence entre Nelson Mandela et un membre du gouvernement français, c'est que Nelson Mandela a été en prison avant d'être élu.

Jean Veidly

200

**Quand j'étais très jeune,
j'étais très con. Je suis resté très jeune.**

Jean-Claude Van Damme (acteur belge, né en 1960)

201

Gagner sa vie en jouant du piano, c'est savoir compter sur ses doigts.

Darry Cowl (comédien français, 1925-2006)

202

Tout se conserve dans l'alcool,
sauf peut-être les secrets…

Jean Veidly

203

Le mariage, c'est la principale cause de divorce.

Jean Veidly

204

Moi, mon modèle
contre l'adversité,
c'est Jésus… Même
sur la croix, il n'a
jamais baissé les bras.

Jean Veidly

205

Le mariage, c'est comme
le menu des restaurants :
il faut attendre la digestion
pour savoir si on a fait
le bon choix.

Elizabeth Taylor

(actrice américaine, né en 1932)

206

Les femmes seront réellement les égales des hommes quand on verra des femmes incompétentes occuper des postes importants.

Françoise Giroud
(écrivain et journaliste français, 1916-2003)

207

J'ai fait un régime pendant deux semaines, vous savez combien j'ai perdu ? Deux semaines !

Josiane Balasko

(actrice française, né en 1950)

208

La bigamie c'est quand
on a deux femmes,
la monotonie, c'est quand
on n'en a qu'une.

Jean Veidly

209

Le snobisme c'est une bulle de champagne qui hésite entre le rot et le pet.

Serge Gainsbourg

(chanteur français, 1928-1991)

210

**Quand il était petit, Nicolas
rêvait d'être président,
c'est chose faite.
Il est toujours petit.**

Jean Veidly

211

Quand « on naît con », « on est con », même la phonétique ne donne aucun espoir de rédemption.

Jean Veidly

212

C'est très reposant d'être sourd, on ne vous dit que l'essentiel.

Sacha Guitry

(comédien et dramaturge français, 1885-1957)

213

Il faut se méfier des ingénieurs, ça commence par la machine à coudre, ça finit par la bombe atomique.

Marcel Pagnol

(écrivain français, 1895-1974)

214

Pour tous les inconditionnels du Sudoku : si tu as le Nord devant toi, tu as forcément le Sud au cul…

Jean Veidly

215

En France, 40% des hommes mariés ont eu une relation extraconjugale. Les autres l'ont eu à l'étranger...

Jean Veidly

216

La quenelle est le poisson le plus mal connu de la faune maritime.

Francis Blanche (acteur et humoriste français, 1921-1974)

217

Qui ne pète ni ne rote est voué à l'explosion.

Jean Veidly

218

Ce que l'on appelle un policier de proximité, c'est un policier qui tire à bout portant.

Jean Veidly

219

La société est divisée en deux classes : ceux qui ont plus de dîners que d'appétit, et ceux qui ont plus d'appétit que de dîners.

Nicolas Chamfort
(écrivain français, 1741-1794)

220

On devrait toujours être amoureux, c'est la raison pour laquelle on ne devrait jamais se marier.

Oscar Wilde

(écrivain irlandais, 1854-1900)

221

On reconnaît le rouquin
aux cheveux du père,
et le requin aux dents de la mer.

Jean Veidly

222

La saint Valentin, c'est la Toussaint des célibataires.

Jean Veidly

223

Les pauvres n'ont aucun goût,
ils n'aiment pas la peinture…
La preuve : avez-vous déjà vu
une toile de maître chez un pauvre ?

Jean Veidly

224

Un paresseux est un homme qui ne fait pas semblant de travailler.

Alphonse Allais
(écrivain et humoriste
français, 1854-1905)

225

C'est fou comme l'argent aide à supporter la pauvreté.

Alphonse Allais

(écrivain et humoriste français, 1854-1905)

226

Un Anglais c'est un type comme nous, sauf que l'on ne comprend pas ce qu'il dit.

Jean Veidly

227

Un régime diététique, c'est la courte période de privation précédant une augmentation de poids.

Jean Veidly

228

Être comme un coq en plâtre.

Jean Veidly

229

Le problème avec
la ponctualité,
c'est qu'il n'y a jamais
personne pour l'apprécier.

Jean Veidly

230

Je me suis marié deux fois : deux catastrophes. Ma première femme est partie, la deuxième est restée.

Francis Blanche

(acteur et humoriste français, 1921-1974)

231

Tu n'as pas besoin d'un flash quand tu photographies un lapin, il a déjà les yeux rouges.

Jean-Claude Van Damme
(acteur belge, né en 1960)

232

Le comble de l'optimisme, c'est de commencer ses mots fléchés avec un stylo à encre.

Jean Veidly

233

L'avenir appartient à ceux dont les ouvriers se lèvent tôt.

Coluche (humoriste français, 1944-1986)

234

Aujourd'hui, il n'y a plus que les prêtres qui veulent se marier…

Louise de Vilmorin (écrivain français, 1902-1969)

235

Les lions ont une grosse tête afin qu'ils ne puissent pas passer entre les barreaux de leur cage.

Pierre Doris

(humoriste français, né en 1919)

236

Les cons, ça ose tout, c'est même à ça qu'on les reconnaît.

Michel Audiard (dialoguiste et réalisateur français, 1920-1985)

237

Je ne fais jamais la même erreur, je me renouvelle à chaque fois.

Mary Kenny (écrivain irlandais, né en 1944)

238

Il était si con, que lorsqu'il disait quelque chose d'intelligent, il se retournait pour voir si ce n'était pas un autre.

Georges Wolinski

(dessinateur français, né en 1934)

239

Les cons c'est comme
les morts, ils ne savent pas
qu'ils le sont et les autres
sont tristes pour eux.

Jean Veidly

240

Si je fais
si bien
l'amour,
c'est que je
me suis longtemps
entraîné
tout seul.

Woody Allen

(acteur et réalisateur américain, né en 1935)

241

Pour ne pas perdre ses illusions, le mieux, c'est d'en avoir le moins possible.

Alphonse Boudard (romancier français, 1925-2000)

242

Le grand avantage des lettres anonymes, c'est que l'on n'est pas obligé d'y répondre.

Jean Veidly

243

Tout le monde peut devenir vieux. Il suffit de vivre assez longtemps.

Groucho Marx (humoriste américain, 1890-1977)

244

Il faut faire des enfants
quand on est vieux,
parce qu'on ne
les emmerde pas longtemps.

Jean Yanne (acteur français, 1933-2003)

245

Je parle en dormant.
Au bureau c'est gênant.

Pierre Doris (humoriste français, né en 1919)

246

Le mariage, c'est l'union de deux personnes : une qui ne se souvient jamais des anniversaires, et l'autre qui s'en souvient toujours.

Frédéric Ogden Nash

(poète américain, 1902-1971)

247

La vieillesse, c'est toujours 15 ans de plus que son âge.

Jean Veidly

248

Par politesse, je ne cède jamais
ma place assise à une personne âgée.
C'est une façon de lui faire croire
qu'elle est encore jeune.

Jean Veidly

249

Si vous lisez quelque part que fumer peut provoquer le cancer, arrêtez de lire…

Jean Veidly

250

Vouloir paraître plus jeune, voilà ce qui constitue le début de la vieillesse.

Jean Veidly

251

L'avantage des médecins, c'est que lorsqu'ils commettent une erreur, ils l'enterrent tout de suite.

Alphonse Allais (écrivain et humoriste français, 1854-1905)

252

Les mecs c'est
comme les casseroles,
sans queue,
ça ne sert à rien.

Jean Veidly

253

Comme le disaient les Kennedy, il ne faut jamais se laisser abattre.

Jean Veidly

254

Le seul prix qui intéresse vraiment un écrivain, c'est le prix du livre.

Guy Bedos (humoriste français, né en 1934)

255

En amour, il n'y a que
le premier faux pas qui coûte.

Jean Veidly

256

La différence
entre la connerie
et le génie,
c'est que le génie a des limites.

Jean Veidly

257

Ne dites pas à quelqu'un qu'il est « petit », dites-lui qu'il est « verticalement contrarié ».

Jean Veidly

258

Bander c'est bien, baiser c'est mieux.

La comtesse de Ségur
(romancière française, 1799-1874)

259

Comme le dit un professeur de violon : la meilleure façon d'apprendre à jouer du violon, c'est de jouer du violon.

Jean Veidly

260

Les gens intelligents sont ceux qui changent d'avis avant les autres.

André Frossard (journaliste et essayiste français, 1915-1995)

261

Le comble pour un marin, c'est de sombrer dans l'alcoolisme.

Jean Veidly

262

Une bonne épouse pardonne toujours à son mari quand elle a tort.

Milton Berle (acteur américain, 1908-2002)

263

Le mois de l'année où les hommes politiques disent le moins de conneries, c'est sans aucun doute le mois de février… il n'y a que 28 jours, sauf les années bissextiles.

Jean Veidly

264

Choisissez un travail que vous aimez, et vous n'aurez pas à travailler un seul jour de votre vie.

Confucius (philosophe chinois)

265

Les danseuses à l'opéra sont tellement petites qu'elles sont obligées de se mettre sur la pointe des pieds pour qu'on les voit.

Jean Veidly

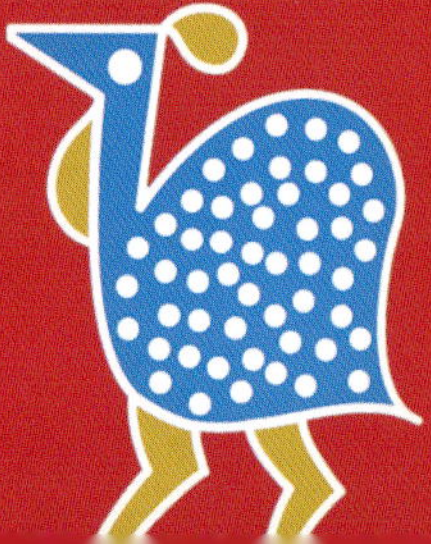

266

Il faut mépriser l'argent, surtout la petite monnaie.

François Cavanna
(écrivain et dessinateur français, né en 1923)

267

Rentrer son ventre sur la bascule ne rend pas moins lourd.

José Arthur (animateur radio, né en 1927)

268

Qui pisse loin ménage ses chaussures.

Jean Veidly

269

Plus tu pédales moins fort, moins tu avances plus vite…

Jean Veidly

270

Les noyés remontent
toujours à la surface,
malheureusement
c'est toujours trop tard...

Jean Veidly

271

L'âge, c'est lorsque
les bougies commencent
à coûter plus cher
que le gâteau.

Jean Veidly

272

**Il ne suffit pas d'être con,
il faut être fier de l'être…**

François Cavanna

(écrivain et dessinateur français, né en 1923)

273

L'amour résiste
à tout, même
aux ronflements.

Jean Veidly

274

Il faut se méfier de la psychanalyse, elle a un effet secondaire : on devient pauvre…

Patrick Timsit (humoriste français, né en 1959)

275

En politique, il faut donner ce qu'on n'a pas, et promettre ce qu'on ne peut pas donner.

Louis XI (roi de France, 1423-1483)

276

Un pessimiste,
c'est un optimiste
qui a beaucoup d'expérience.

André Babst

277

On voit toujours quand j'ai bu, mais jamais quand j'ai soif.

Jean Veidly

278

Les ennuis, c'est comme le papier hygiénique, on en tire un, il en vient dix.

Woody Allen

(acteur et réalisateur américain, né en 1935)

279

Je me suis engagé dans
la marine pour voir du pays.
J'étais loin d'imaginer
que j'allais passer trois ans
dans un sous-marin.

Jean Veidly

280

Pourquoi en vacances, s'obstine-t-on à choisir des cartes postales différentes, alors qu'elles sont destinées à des personnes différentes ?

Sacha Guitry

(comédien et dramaturge français, 1885-1957)

281

Le comble du racisme, c'est de commander un whisky Black&White et de demander deux verres séparés.

Jean Veidly

282

La fidélité c'est une forte démangeaison avec interdiction formelle de se gratter.

Jean Veidly

283

Un pessimiste est
un optimiste qui
a été bien informé.

Gaston Wolf

284

Les accents ont toujours tort.

Jean Veidly

285

Les sondages c'est comme les strings, ça fait rêver mais ça cache l'essentiel.

Jean Veidly

286

La bigamie consiste à avoir
une femme de trop,
la monogamie aussi…

Jean Veidly

287

Découvrir le poteau rose.

Proverbe français détourné

par

Jean Veidly

288

« Mamère Noël » est une ordure.

Michel Charasse
(homme politique, né en 1941)

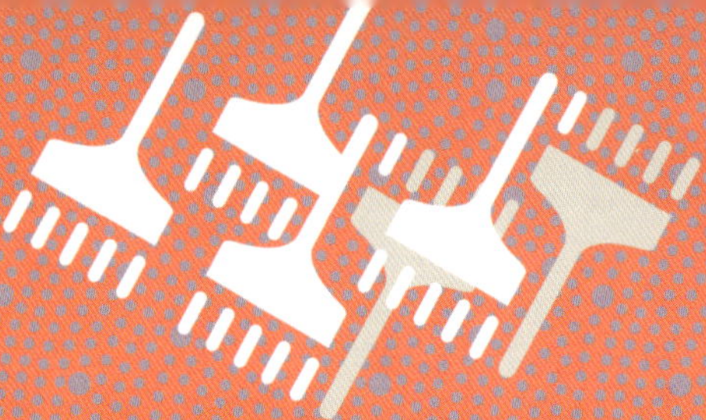

289

Il y a deux types de douaniers :
les manuels et les intellectuels.
Les manuels font signe
de passer avec la main,
les intellectuels font signe
avec la tête.

Jean Veidly

290

J'ai toujours rêvé d'être quelqu'un mais j'aurai du sans doute être plus précis pour réussir...

Jean Veidly

291

Donner, c'est donner, repeindre ses volets…

Jean Veidly

292

Le corbeau croasse,
la grenouille coasse
et le serbe croate.

Jean Veidly

293

Le con ne perd jamais son temps, il perd celui des autres.

Jean Veidly

294

Le mariage, c'est comme le melon, c'est une question de chance.

Jean Veidly

295

Je vais bien, et si tout le monde allait aussi bien que moi, j'irais beaucoup mieux.

Guy Bedos (humoriste français, né en 1934)

296

Si vous nagez dans le bonheur, méfiez-vous, vous pourriez facilement perdre pied…

Jean Veidly

297

À la chasse je ne tire qu'en situation de légitime défense, par exemple si un lapin me menace d'un couteau.

Johnny Carson (acteur américain, 1925-2005)

298

Si nous ne réussissons pas, nous courons le risque d'échouer.

George W. Bush (homme d'état américain, né en 1946)

299

Mes illusions sont des truites, comme dirait un pêcheur rentré bredouille…

Jean Veidly

300

Il est possible de vivre de sa plume, tout dépend de l'endroit où on la met…

Une danseuse du Moulin Rouge vs Jean Veidly

301

Mozart était tellement précoce qu'à 35 ans, il était déjà mort.

Pierre Desproges
(humoriste français, 1939-1988)

302

J'aime écouter ceux
qui ne disent rien,
mais je préfère aider
ceux qui ne font rien.

Jean Veidly

303

Il y a trop de monde signifie toujours que les autres sont trop nombreux.

Denis Langlois (écrivain français, né en 1940)

304

Je suis capable du pire comme du meilleur, mais c'est indéniablement dans le pire que je suis le meilleur.

Coluche (humoriste français, 1944-1986)

305

La parole est d'argent et le silence endort…

Jean Veidly

306

J'ai assez d'argent jusqu'à
la fin de mes jours
à condition que je meure
ce soir…

Jean Veidly

307

Je ne suis pas superstitieux,
ça porte malheur.

Jean Veidly

308

Mieux vaut être cocu qu'aveugle, cela gène moins pour marcher.

Henri Dauleau (humoriste français)

309

Personnellement je trouve que le marron est une jolie couleur, la seule chose qui me gêne, c'est l'odeur...

Jean Veidly

310

Être content de sa bagnole
s'appelle de l'autosatisfaction.

Jean Veidly

311

On a jamais vu un aveugle
dans un camp de nudistes.

Jean Veidly

312

La seule chose absolue dans un monde comme le nôtre, c'est l'humour.

Albert Einstein (physicien allemand, 1879-1955)

313

Aujourd'hui, c'est la Toussaint, c'est la fête de tout l'essaim et j'en profite pour dire bonjour aux abeilles.

Coluche (humoriste français, 1944-1986)

314

Trop au lit pour être honnête.

Alexandre Breffort (écrivain français, 1901-1971)

315

Elle était tellement snob,
que même les valises
qu'elle avait sous les yeux
venaient de chez Vuitton.

Jean Veidly

316

Si l’on jugeait les choses sur leur apparence, personne n’aurait jamais voulu manger un oursin.

Marcel Pagnol (écrivain français, 1895-1974)

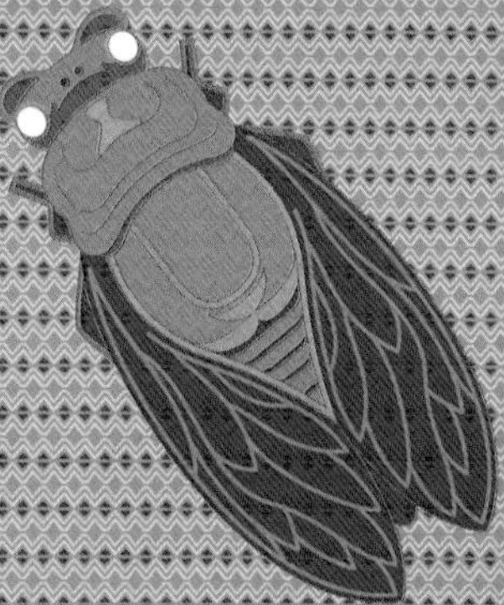

317

Si c'est en forgeant que
l'on devient forgeron,
ce n'est pas en perchant
que l'on devient percheron.

Jean Veidly

318

L'argent ne fait pas le bonheur de celui qui n'en a pas.

Boris Vian

(écrivain français, 1920-1959)

319

Ma femme et moi, nous avons été heureux pendant 25 ans… et puis nous nous sommes rencontrés.

Sacha Guitry (comédien et dramaturge français, 1885-1957)

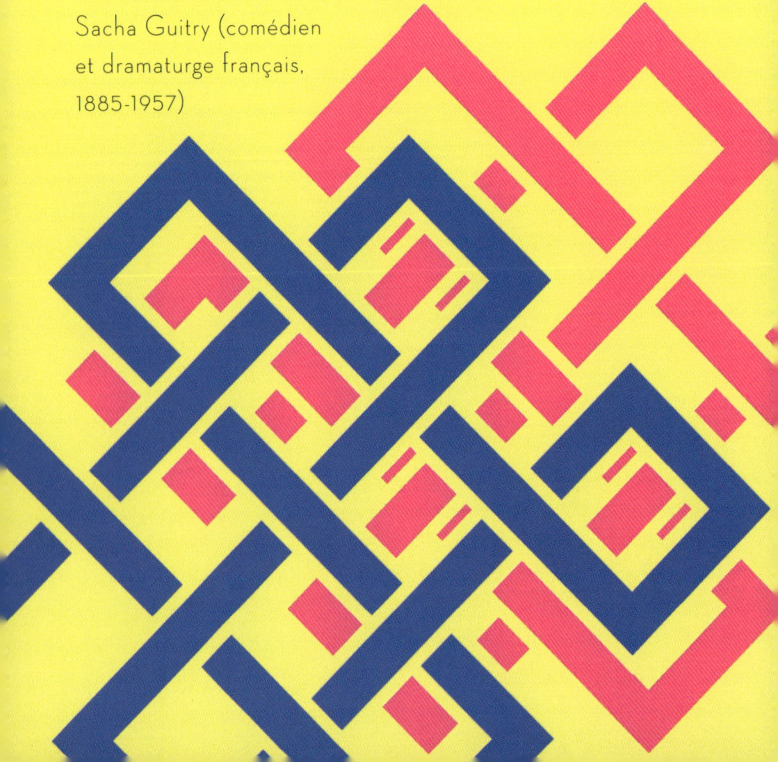

320

Le meilleur moyen de prendre un train à l'heure, c'est de s'arranger pour rater le précédent.

Marcel Achard

(dramaturge et écrivain français, 1899-1974)

321

La différence entre une femme et un volcan, c'est que le volcan, lui, ne simule jamais ses éruptions.

Rodney Dangerfield (acteur et scénariste américain, 1921-2004)

322

À la sainte Andrée, je l'ai embrassée, vivement la sainte Ursule.

Jean Veidly

323

D’après mon dentiste, c’est quand les dents se déchaussent que l’on a mauvaise haleine.

Jean Veidly

324

La femme des uns fait le bonheur des autres.

Les Inconnus (humoristes français)

325

Il paraît qu'il faut trois moutons pour faire un pull-over, j'étais loin d'imaginer qu'ils savaient tricoter…

Jean Veidly

326

Et comme dirait un pédicure : « œil de perdrix, dix de retrouvés… »

Jean Veidly

327

Il vaut mieux être fils précoce et éjaculateur prodigue que le contraire…

Jean Veidly

328

L'avenir appartient à ceux qui se lèvent tôt, c'est une connerie, regardez les éboueurs.

Jean Yanne

(acteur français, 1933-2003)

329

Les sado-masos ont une excellente mémoire, ils n'oublient jamais de se fouetter un bon anniversaire.

Jean Veidly

330

Pâques aux rabannes, Noël au balcon…

Jean Veidly

331

Un petit séchoir vaut mieux qu'un grand chez les autres.

Jean Veidly

332

Il vaut mieux prêter à sourire que donner à réfléchir.

Les Nuls (humoristes français)

333

Le chateaubriand est un filet tellement délicieux qu'il a donné son nom à un grand écrivain.

Henri de Rochefort (écrivain français, 1831-1913)

334

Tous les coups sont dans la nature comme disait un brave homme après s'être fait agresser en pleine forêt.

Jean Veidly

335

Le comble pour un usurier
c'est de vivre sous un nom d'emprunt.

Jean Veidly

336

Je suis très croyant… Je vais même jusqu'à acheter ma moquette chez Saint-Maclou.

Jean Veidly

337

Attention au surmenage… et surtout, quand vous ne regardez rien, pensez à enlever vos lunettes.

Coluche (humoriste français ,1944-1986)

338

L'ennemi, c'est comme le sexe, faut tirer dessus de temps en temps pour avoir la paix.

Pierre Desproges (humoriste français, 1939-1988)

339

L’âge mûr chez l’homme s’apparente à celui des poires. Dans les deux cas, c’est la queue qui lâche.

Jean Veidly

340

Défense de cueillir des noisettes sous peine d'amende...

Coluche (humoriste français, 1944-1986)

341

Se rendre compte
qu'on est un imbécile
est un signe d'intelligence.

Philippe Geluck (artiste belge, né en 1954)

342

L'avantage avec la maladie de Parkinson, c'est que l'on peut préparer un cocktail en quelques secondes.

Jean Veidly

343

Le pétrole est une ressource inépuisable qui va se faire de plus en plus rare.

Dominique de Villepin (homme politique français, né en 1953)

344

La rondelle ne fait pas le printemps.

Jean Veidly

345

La vieillesse
est un signe
de longévité.

Jean Veidly

346

Je trouve que la télévision est très favorable à la culture, chaque fois que quelqu'un l'allume chez moi, je vais dans la pièce d'à-côté, et je lis...

Groucho Marx (humoriste américain, 1890-1977)

347

Parmi ceux qui crient
à tout bout de champ :
« Mort aux cons ! », peu
d'entre eux sont conscients
d'avoir un comportement suicidaire.

Jean Veidly

348

La connerie c'est comme la mauvaise haleine,
ça ne se remarque que chez les autres.

Jean Veidly

349

Haricots au repas, tempête sous les draps.

Jean Veidly

350

Les filles vierges laissent toujours un souvenir impénétrable.

Jean Veidly

351

Kronenbourg
à la poste,
Chronopost
à la bourre.

Jean Veidly

352

La droite et la gauche, ce n'est pas la même chose.

Pierre Mauroy (homme politique français, né en 1928)

353

Quand un con me parle,
je ne l'écoute pas, je l'entends...

Jean Veidly

354

Si ce sont les meilleurs qui partent les premiers, que penser des éjaculateurs précoces ?

Pierre Desproges

(humoriste français, 1939-1988)

355

Sur ma boîte aux lettres,
j'ai écrit mon nom pour
me faire de la publicité.

Jean Veidly

356

**Je suis aveugle,
mais on trouve
toujours plus
malheureux que soi…
j'aurais pu être noir.**

Ray Charles
(chanteur américain,
1930-2004)

357

La banque est un endroit où l'on vous prête de l'argent si vous parvenez à prouver que vous n'en avez pas besoin.

Bob Hope (acteur américain, 1903-2003)

358

La moujik adoucit les morses.

Proverbe qui aurait pu être russe…

Jean Veidly

359

Plus vous laissez à vos héritiers, moins ils vous regrettent.

Jean Veidly

360

Il vaut mieux être cocu que veuf, il y a moins de formalités.

Alphonse Allais (écrivain et humoriste français, 1854-1905)

361

Il est loin d'être con mais il y a des moments où il s'en rapproche.

Grégoire Lacroix (écrivain français, 1933)

362

Le comble de l'égoïsme,
c'est de s'acheter une galette
des rois pour soi-même
pour être sûr d'avoir la fève.

Jean Veidly

363

On a que l'âge de ses obsèques.

Francis Blanche (acteur et humoriste français, 1921-1974)

364

Un égoïste,
c'est quelqu'un
qui ne pense pas
à moi.

Jean Veidly

365

L'humour est encore le meilleur des régimes contre le poids de l'existence.

Jean Veidly

Index des auteurs cités

NOTES

NOTES

NOTES

NOTES

NOTES

NOTES

NOTES

NOTES

NOTES

NOTES

L'éditeur remercie tout particulièrement
Lucille Pachot et Flavie Gaidon pour leur aide précieuse.

Responsable éditoriale : Joan Le Boru
Suivi d'édition : Laurence Beaux
Directrices artistiques : Sabine Houplain et Gaëlle Junius
Conception graphique et réalisation : Caroline Rimbault
Fabrication : Amandine Sevestre
Photogravure : APS Chromostyle
Achevé d'imprimer à Singapour
Dépôt légal : août 2008
ISBN 978-2-84277-890-03
34/2052/8 - 01